呂建春著

福爾摩莎

文史哲詩叢

文史哲出版社印行

國家圖書館出版品預行編目資料

福爾摩莎 / 呂建春主編. -- 初版. -- 臺北
市：文史哲, 民 96.10
頁： 公分. -- （文史哲詩叢；79）
ISBN 978-957-549-750-7 (平裝)

851.486   96020443

文史哲詩叢　79

福　爾　摩　莎

主　編　者：呂　　　建　　　春
出　版　者：文　史　哲　出　版　社
　　　　　　http://www.lapen.com.tw
登記證字號：行政院新聞局版臺業字五三三七號
發　行　人：彭　　　正　　　雄
發　行　所：文　史　哲　出　版　社
印　刷　者：文　史　哲　出　版　社
臺北市羅斯福路一段七十二巷四號
郵政劃撥帳號：一六一八○一七五
電話 886-2-23511028・傳真 886-2-23965656

實價新臺幣二二○元

中華民國九十六年（2007）十一月初版

外地書寫的困境與突破

　　詩友呂建春以電子郵件寄給我一份即將出版的《福爾摩莎》詩集，這是我認真創作現代詩十幾年來，第一次接到詩友尚未出版的詩全集，讓我先睹為快，實在受寵若驚。

　　呂建春畢業於台大電機系及電機研究所，並留學美國加州戴維斯分校，取得電腦碩士學位，在美國矽谷擔任電腦工程師迄今。他雖為理工出身，但詩齡頗長。早在大學時代即加入台大青年社，協助編輯《台大青年》校刊，並為台大現代詩社成員。已出版過三本詩集，分別為《杜鵑花城》（1990.5，自費出版，臺北長達印刷廠）、《山無陵》（2002.7，文史哲出版社）、《夏雨雪》（2004.4，文史哲出版社）。

　　閱讀呂建春即將出版的第四本詩集《福爾摩莎》，在捕捉詩中傳遞的台灣意象時，腦中卻不斷被一些浮現的影像所干擾，遲遲無法下筆書寫個人閱讀心得。容我將場景拉到 2003 年 12 月 1 日至 9 日，跟隨李魁賢帶隊的「台灣筆會印度文化之旅」展開為期九天的訪印活動，主要目的是參加 12 月 6 日在邦加羅爾（BANGALORE）舉行的第八屆印度「國際詩歌節」，並安排於 12 月 5 日在青奈（CHENNAI）拜會世界詩學會和國際詩人學會，這是我第一次與印度文化近距離接觸。後來在靜宜大學生態系碩士班選讀趙天儀的「東方哲學史」時，亦師亦友的趙老師推薦我閱讀《奈都夫人詩全集》（糜文開譯註）。他在課堂上不斷強調，1879 年 2 月 13 日出

生於南印度回教土邦海德拉巴，屬於孟加拉省婆羅門（僧侶）望族，本名莎綠琴尼（Sarojini）的奈都夫人，才華洋溢，旅居英國時創作豐富，深受英國人好評，但她的創作風格與內容都是英國式的。直到有一天，她的英國友人，著名的文學批評家歌史爵士（Sir. Edmund Gosse）建議她應改變創作風格，以印度人的身分去描寫印度生活、歌頌印度的風土人情、讚揚優美的印度文化，奈都夫人勃然覺醒，返國後積極投入印度獨立運動，她的詩作流露出對印度傳統文化的熱愛、生命苦樂的泰然，對印度女性卑微地位的不平，和印度前途的憂心；因其優美細膩富於感性的筆觸而贏得「印度夜鶯」雅號。

　　閱讀呂建春的《福爾摩莎》詩集，難免讓我想起印度的奈都夫人，畢竟移民他國，雖然已變換國籍，然而處在不同文化養成的環境中，對文學創作者常有兩面不討好的困境。

　　這種情形，並非台灣人的專利。2006 年 8 月 21 日，我前往韓國首爾參加第二次世界兒童文學大會，與韓裔日人金晃交談中，金晃不時流露出對文學創作屬性的茫然。以習性言，他仍保留傳統韓國家庭生活禮俗，顯然不同於在地的日本人；但因為不會講韓語，無法與具相同血緣的韓國人溝通，自然不易和韓國人相濡以沫。而最令他感到困擾的是，他的文學位階既不被承認為日本文學，也不會被韓國人納入韓國文學版圖。結束韓國行程，接著轉往蒙古國參加 9 月 3 日至 9 月 9 日於蒙古首都烏蘭巴托舉行的「第 26 屆世界詩人大會」。會中遇到台灣外省移民美國紐約的詩友，他雖然在紐約投資房地產累積不少財富，卻苦於無法打入美國詩人圈，只能靠自辦華文報紙型詩刊過乾癮。

　　個人參加過幾次國際性詩歌節，發現從台灣移民國外的

詩人，似乎也只能回來台灣尋找詩的光采，跟很多有錢移民
國外的藝人一樣，都得回到老地方撈本。更可悲的是，那些
不認同台灣的移民詩人，回台灣揩油水還要倒罵台灣，即使
他們依舊能吃香喝辣，畢竟在台灣文學史仍會被白紙黑字地
記上一筆。

　　走筆至此，我可以想像定居美國的呂建春，在書寫《福
爾摩莎》時，必然遭遇某種程度上的困境：如何突破與台灣
相隔兩地的疏離感，明確掌握台灣錯綜復雜的政治情勢；長
期從事冷硬的電腦工作，又如何捕捉感性而模糊的故鄉記
憶？

　　依新批評理論的說法，閱讀詩作可以不必理會詩人的生
活背景，一首詩可以被當作「完全獨立的個體」。呂建春與我
書信往來交換詩觀時，他雖強調「**詩不僅是反映現實，更是
虛構經驗。詩人的真誠在於將詩寫好，而非反映真實經驗和
現實。**」他的創作取向偏重超現實手法，且喜好中國水墨的
模糊唯美。但不可否認的，每一首詩的醞釀，無不與詩人的
成長軌跡與社會背景息息相關，仔細閱讀《福爾摩莎》詩集
時，個人認為呂建春的詩創作，其實現實取向與虛擬故事穿
插交錯，並非如作者所言那般「書齋」式的經驗虛構。

　　依個人淺見，2003 年應該是呂建春詩創作的另一轉折
點，在此之前的作品，多少流露出受到台灣《藍星》、《現代
派》、《創世紀》詩誌中主要詩人影響的痕跡，且書寫對象多
偏重地方小鎮，如〈農家〉（前三則）、〈七星山〉（三則）、〈陽
明山〉、〈竹山溪流〉（二則）、〈鹿谷夜色〉、〈清晨飲鹿谷凍頂
茶所得〉、〈南投春光〉、〈南投秋歌〉（三則）、〈谷關〉（前一
則）、〈白沙灣〉、〈寶寶〉（前二則）、〈說水果的話〉、〈父親〉
（前二則）、〈祖母〉、〈明月溫馨的地方〉，其中〈寶寶〉與〈說

水果的話〉較類似兒童詩。2001 年 6 月 26 日完成的〈島嶼的召喚〉,隱約傳達呂建春對台灣社會觀察的轉變。2003年起,政治議題、島嶼意象、土地思考不斷出現,與台灣命運息息相關的二二八系列即佔八首,以詩集《福爾摩莎》為標題的作品也有四首,〈父親〉系列有五則,2005 年完成的三則,明顯地看到寬恕諒解取代了怨恨。地方景觀的書寫,也融入更多在地觀察的呈現。個人認為,台灣政治社會的劇烈轉變,讓呂建春的創作找到新方向,更重要的是讓詩人的心靈獲得認同的歸屬感,這種感情是那種無法認同台灣,卻必須回到台灣求取光環慰藉的天涯流浪詩人所闕如,由此點觀之,呂建春應該比那些自詡「天涯詩人」者幸福多了。

　　台灣是個相當弔詭的國家:她有世界上最長的政治戒嚴時期;第二次世界大戰結束後,許多殖民地國家紛紛獨立,台灣至今卻仍未完全脫離殖民狀態;她的土地一再被糟蹋濫用,卻仍展現豐富的生物多樣性;生活在這塊土地上的人,在正常教育體制內,卻無法接受正確的台灣人文史觀,認識自己生長的土地。很多台灣人在留學或移民海外後,才開始思索台灣定位,呂建春的《福爾摩莎》詩集,足以見證部分海外台灣人認知台灣的心路歷程。

　　呂建春是一位優秀的電腦工程師,在繁重的職場中,仍孜孜不倦地從事詩文學創作,尤其要克服和台灣兩地相隔的疏離感,完成《福爾摩莎》詩集,個人非常佩服他接受挑戰的勇氣與毅力,同時更期待這部《福爾摩莎》詩集能感動更多生活在這塊土地上,心靈卻游離失所的另一族群。

　　　　　　　　　　　　　　　　蔡秀菊　2007/9/8

自　序

　　看過吳潛誠的《航向愛爾蘭》和《島嶼巡航》，對葉慈和愛爾蘭歷史稍有了解，也開始注意台灣文學作家的政治關懷和介入。對照台灣的處境，有許多地方和愛爾蘭類似。曾經設想知識分子能關懷和參予台灣精神的建立，或可激發大眾的努力，開啟台灣的文藝復興運動。自己也想往這方向努力，多寫些有台灣精神和特色的詩。近年來台灣政壇震盪，不同的意識形態抗爭激烈，造成人心浮動，也激發了更多的思考反省和能量。文化界波瀾壯闊，呈現出多采的風貌和豐盛的收穫。英美詩人艾略特說過：人過了二十五歲，如果繼續寫詩，不能沒有歷史意識。我在海外也感受到台灣散發出來的熱勁和活力，詩作中有了更多的歷史意識和關懷介入。

　　世事悠揚春夢裡，年光寂寞旅愁中。身在他鄉，懷想的總是台灣的山川風景和人文風貌。許多遊玩過的村鎮名勝，仍在緬懷歲月的記憶裡閃閃發亮，永不褪色。將歷年有關台灣的詩作集結成冊，這些詩作詮釋了我所認同的台灣精神，也希望能為台灣鄉土文學添枝加葉。《福爾摩莎》多是山水和地方景物的描繪。我早期的山水詩，景語多而情語少，想要達到空靈的詩風。主要是受到葉維廉所謂道家美學觀點的影響，以物觀物，讓山水自己發聲而避免智性的干擾。只是田園時代已一去不返，在現代寫那種沒有人煙味的山水詩，也只是一種仿古。後來詩中增多情語，想要達到情景交融之境。

再來就是台灣意識的覺醒，在詩中描繪突顯地方的特色，想要表達出台灣精神。

　　非常感謝台灣現代詩刊主編蔡秀菊，撥冗為詩集寫序，關懷一起生長的土地，使詩集更有意義。蔡主編還寄贈了其詩作數本，讓我體會到詩人為什麼寫詩的使命感。《野地集》和《司馬庫斯部落詩抄》擴充心靈上的曠野，讓人有更高的視野。感發之餘，也寫了一首〈司馬庫斯〉，將《福爾摩莎》沒有關於原住民的欠缺補上。

　　文字找到美麗的意象，生命找到深刻的意義，拓展台灣民俗敦厚的精神，更多的關懷介入，詩能改變生活，豐富人生。厚實的恆毅的在地的精神，越過悲情，諒解寬宥，願景無限美好。福爾摩莎，美麗之島，斯土斯民，永遠的原鄉。

福 爾 摩 莎

目　　錄

10　福爾摩莎

福爾摩莎

一

沒有人拒絕說謊
沒有人因愛而死
我在為島嶼寫一首詩
破裂的蔚藍天空
就是大海深沈

不是在岸邊
追尋自己的倒影
一群人傷口的叫喊
也不是浮雲
追尋天空的倒影

我看到一片稻草成熟
向大地彎折
沒吸過母親的奶
羊在山坡向陽
踐踏著野地的荊棘

拿起岸上的貝殼
附在耳朵上
聽不到潮浪的回音

小孩向母親張開手掌
從指間漏下沙粒

像石塊的字詞
埋葬著沈默的祖先
盲目的燭火
感覺到風的威脅
我聽到自己內心的黑暗

如果除去翻覆的字面
那是真理和愛
像傷疤剝開一樣痛心
翅膀折斷的鷗鳥撲騰
學習接受死亡

3/6/06

福爾摩莎

二

流淌著時光的悲情
淡水河依舊在流
鷗鳥呼喚著希望
在海岸飛行中死去
我知道許多
血肉不存的白骨
有關白白死去的事情

春風在刺刀上受傷
鮮血染紅杜鵑
歪倒的南腔北調
街道小心翼翼
向烏雲遮蔽的大海
一條河天眞
傾注著柔情的憧憬

陰暗的耳語隔著牆
他們啜泣的聲音
關在監獄裡
學習如何死亡
一踩就碎的寂靜空白

黑暗警戒著
淚水顫抖的大地

像失落的葉子
知道回到枝頭的途徑
他們失蹤的屍體
和我的命運
像眼睛裡不眠的夜色
霧水濕透的本土
等著月亮升起

開闢著自己的路徑
濁水溪依舊在流
石頭在風中哭喊
陽光是樹的信仰
土地的承諾不屬於陰影
花朵的開放
是唯一的諾言

愛河依舊在流
他們的語言會死而復生
黑暗紛擾的塵土
轉變爲花朵
和碧綠搖曳的枝葉
像歌謠和詩句
拯救不義的時光

從他們記憶裡
會長出一棵玉樹長青
粗壯的枝幹深綠
伸向島嶼天空
鷗鳥紛紛閃爍飛翔
掃盡流雲殘霞
一個清澈畢竟的黎明
　　　　　3/10/06

福爾摩莎

三

飢餓失聲的吶喊
飄過晚霞染紅的天空
鷗鳥激動的呼叫
黑暗屏住聲息
斷線的風箏掉入大海
島嶼強壯的土地
從死者攝取充實的養份

濁水溪沖刷出沃土
新的河床找到新的海口
救苦救難的觀世音
伸出春風的手掌
施捨的夏日結出果實
生和死相互依存
像種子和草木大地的關係

荊棘充滿野獸的生機
我們流血流汗
像鋤頭有鐵的精神
抵抗荒草和生鏽
耕耘著陽光的田園碧綠

開拓子孫的未來
和希望年輕的時辰

在大海的呼吸中呼吸
越過海峽和防風林
橘子變成金桔土生土長
本性改良的作物接枝播種
在打拼的生活中生活
芋頭和蕃薯本份的一生
是島嶼和愛的眞諦
　　　　　　3/19/06

福爾摩莎

四

春風拂過島嶼
樹木榮了又枯又榮
緊緊抓住土地的根
像異地來的異客
落地生根發芽
認同陰陽雷電交合
溪流神話共同的源頭
來自蒼天和群峰綿延

打拼爲了出頭
政治就是聚眾糾結
狂熱發火的舌頭
彷彿在燒林闢地
語言的煙霧到處迷漫
太陽收起光芒
覺醒的夢想還在摸索
又是原始的瘴氣危險

又回到移民拓墾的年代
光陰彷彿倒流
漢族的血淚

原住民的血淚
黑暗收藏在瞳孔之中
潮水在礁岸來回
浪沫依舊破裂的悲歌
黑水溝的濁浪滔天

玉山的雪峰皚皚
外省人的血淚
本地人的血淚
寶石變成鬱結的石頭
祖先踩過的土地
祖先理在泥土裡
山林依舊碧綠
無言的蒼天依舊浩瀚
　　　　9/16/07

二二八紀念日

一

歷史驚醒的夢魘
墳墓震裂開來
大地震怒的時候
死者流著血淚
紛紛爬了出來

塗抹歷史的血汗
將洞穴挖得更深
我們重新埋葬他們
永遠不見天日
夢裡也不再回來

二

死者的呼喚
呼喚大海的淚水
像陰森沉重的烏雲
帶著沉重的水氣

暴雨下完後
沖刷洗淨的光陰

才有天空更爲明亮
更爲翠綠的土地
　　　1/17/2005

二二八紀念日

三

像烏雲擁抱著天空
大海擁抱著島嶼
雷在悶聲低語
醞釀陰暗的土地

激烈的閃電投下
死神的目光
開闢殘殺的鄉野
和流血變黑的路徑

互相仇恨的骨肉
他們紅著眼睛
像兄弟分家一樣隔絕
在不見蒼天的墳裡

死死扼住自己的喉嚨
我怕淋濕的咳嗽聲
會驚醒地底下
黑暗長眠的夢境

3/12/06

二二八紀念日

四

用盡光榮的字詞
唸誦冗長的紀念文
我們獻上鮮花
再一次奏樂表彰
莊嚴豎立的大理石碑
我們哀悼痛心
一年又一年重新
相信土地的力量和悲情

然而死者並不瞑目
信仰深沈的黑暗
不願像落葉一樣歸根
陰魂不能腐化分解
一年又一年過去
他們愈來愈不安寧
在地下輾轉反側
發出報怨的囈語呻吟
　　　　　3/14/06

二二八紀念日

五

　　每到二二八，我們就要遊行集會，大聲叫嚷，又默哀悲悼。問死人有沒有瞑目，問大家愛不愛這塊土地，問蒼天有關公理和正義的問題。殺了祖先的番仔，和殺了番仔的祖先一樣，白白的骨頭和擁擠的黑暗。死人不能安息的日子，海水擁抱著島嶼，我們擁抱著自己的影子。被野獸殘害的，和殘害野獸的一樣，迫害的暴雨變成血霧迷失，晨曦變成黃昏。死去的白天追問太陽，這樣做錯了嗎？萬籟順從的天光，大海憐惜的潮水，沒有回答。禽獸踐踏我們的日子，和我們踐踏影子的日子一樣，燃火變成灰燼，鮮紅的血淚變成鎮壓的烏雲。等著天黑下來，我們靜坐抗議，抗議末日即將來到，等著死者破土而出，解決所有的回答。

3/14/06

二二八紀念日

六

有人轉著觀光客的脖子
頻頻東張西望
像浮雲失去了方向
有人在此岸思念彼岸
用落葉的腳步
思索土地的意義
有人用傷口唱著哀歌
悲情的膿血
充滿晚霞的味道

沒有人相信語言和愛
候鳥的飛行
成為島嶼的天空
潮水白白的浪花泡沫
不斷抹去足跡
辛勞打拼的日子
像汗水從身上消失
鳥兒在籠中歌唱
長出新的羽毛

有人只相信鐵鎖

有人玩弄鑰匙
仇恨在分割的眼睛發紅
像火在記憶裡
焚燒出歷史的灰燼
果實腐爛的土壤
死者在地底下盤根錯節
像親兄弟一樣
和黑暗緊緊擁抱

二月記事

用全部的身體哭喊
太陽的反叛者
帶來了火，自焚的火
路在不停的走動中
尋找容納黑暗的泥土

樹木發綠，幻想的根莖
在群鳥烟雨的往事
不疲倦的歌聲裡
一個新島嶼
在浪花喧騰中構造浮沉

咒語深陷的太陽的出口
眼睛發黑，全部失去陰影
落葉就是用心
傾聽紅豔的晚霞
落日時天堂垂手可得

夜空指引平靜
目光同目光相遇回響
星星落進河裡
過客聽見腳步聲
黑暗假寐，果實又返回泥土　　2/13/2007

二二八之路

所有的江河奔流
日夜沖刷過大地紅塵
不停向大海傾訴
在流亡途中
思索大陸和島嶼的關連
一個臺灣獨立份子
望著波濤翻騰的大海

和浮雲有過激動的交談
一個臺灣獨立份子
用整整一生反抗命運
走著自己的路
山巒如波浪起伏
大海風生水湧
在胸中激盪不由自己

腳印鋪成道路
一個臺灣獨立份子
用整整一生回到家鄉
結束多年的流亡
像春風撫觸過桃花
尋找生命的眼睛
有著明亮熱情的光

晨霧中整片嘉南原野
屬於翩翩白鷺
所有的綠葉吸滿陽光
胸中回蕩的歌聲
應和著綿綿青山綠野
以及蔚藍天空
如同靈魂的一部分

春風吹拂廣大的天空
帶來人群看山看水的轉變
散發著陽光的氣息
秧苗彎下身軀
親近母親般的土地
像風吹過身心份內底事
一個臺灣獨立份子
　　　　　2/18/2005

美好的嘉南平原

一

溪水沖刷田野
筋骨和石頭一塊鍛鍊
耕種的生命
我像即將採收的稻穗
向土地低頭
草木朗誦的嘉南平原
是綠色吟誦的風

鷺鷥飛翔的翅膀
延伸著仰望感激的目光
讓天空遼闊

攪勻了陽光和泥土
隨手摘下斗笠
汗水閃亮滴落
又一個美好的日子
炊煙是妻子美麗的召喚
我的身體也有
渴望黑夜的部分

撩起夜色的褶裙

月亮爬過山脈峻峭連綿
讓激烈的水聲緩和

雨滴藏在雲朵
而雲藏在深夜的夢境
月亮正在涉過溪流
露出潔白的腳踝
整個嘉南平原
像稻米的內心漸漸成熟
我的和她的相印

美好的嘉南平原

二

春風吹開姑娘的裙子
新翻泥土的氣息
白露凍綠了青菜葉
空氣清新明靜
飄動母親的髮絲
蝴蝶翩翩飛過菜花黃

歡快的麻雀四下啁啾
秧苗長得更高
父親蹲在田埂上吸烟
細細看著莊稼
攪合泥土的雙手
充滿陽光的氣味鮮嫩

白鷺站在水田裡
天地寬大敞開的胸懷
接受日照蓬勃
生命成就的鄉土
稻苗翠綠閃耀
光芒一直照亮內心

因為白鷺在飛
整座天空蔚藍明亮
我拉著風箏奔跑
拉著天空和夢想
拉著鄉野清亮的風
整座嘉南平原閃閃發光
　　　　7/14/04

農　家

一

柿子一臉酣酣醉醉
紅標米酒的夕陽圓
花生米細細嚼香
夜，是炊煙升起的天

蟲聲一陣飄飄晃晃
老榕樹影搖映窗面
香瓜透涼的清馨
月，在農家的屋頂上

農　家

二

迎向金燦的朝陽晨光
孩童快樂奔跑
白雲飄過天空湛藍
春風迴盪花叢
歲月像蝴蝶飄飄晃晃
飛在眼前忽東忽西

歲月像野花恣意開謝
血汗耕耘的島嶼
像玫瑰傾力綻放芬芳
鳥聲此起彼落晶晶亮亮
天光和雲影一起徘徊
風吹過山河大地

夕陽西下金黃的田野
黃昏緩緩走回家
身影愈拉愈長
歲月像頭乖順的牛
跟在背後緩緩躂步
大地一片金黃的記憶

10/26/1998

農　家

三

樹葉閃著亮綠光芒
宛如院子一棵木瓜樹
我快樂地成長
巷口的狗汪汪叫著
鄉野寂靜的山村
池塘的水光晃動
藍天裡幾抹雲絲淡淡

將青春飄落的繁花繽紛
鋪在我的夢境
媽媽像隻灰鴿子
鎮日裡咕咕絮語
在窗前一再固執探望
勤勉的蜘蛛在牆角
靜靜織一張網

落日紅透半天
麻雀頻頻四下跳躍
啄著蟲聲沁涼濃綠的風
炊煙裊裊升起
白鷺鷥掠過暮色霞紅

月亮悄悄爬上山頭
淡淡的玉蘭花香

老牛搖晃著牛鈴叮噹
口中吐出一天
蒼茫悠悠的霧靄
爸爸揮著鞭子輕輕
吆喝慢吞吞的黃昏回家
鋤頭打盹的牛車上
歲月如煙空蕩

2/1/2002

農　家

四

在田地裡抹勻了陽光
父親粗糙的手
帶回家泥土莊稼的氣味
心頭溫暖著日子
像夕陽填滿蒼天的空白

走過霞光動盪的鄉野
汗水興奮的男孩
像曬穀場翻曬的穀子
散發著陽光的氣息
黃金閃閃的光芒

黃昏的天空留給女孩
臉頰紅艷豐潤
白米的身子密密實實
眼睛汪汪水亮
蒙著晚霞夢幻的光采

炊煙直上雲霞
動人地擺好餐桌碗筷
熱騰騰白米飯

像母親生育過的胸脯
香噴噴飽滿芬芳

蝙蝠搧動著暮色安詳
心田上阡陌縱橫
呼叫小孩快快回家吃飯
聲音晃動鄉土
星星一顆顆亮起來
　　　　　2/7/2003

七星山

一

翻過白雲追逐的山巒
十里溪聲蜿蜿蜒蜒
來到天光凝聚的湖面
看眼睛在雲影中
晶晶發亮

天空藍成千頃湖水
晨光清清冽冽
露水晶亮的蟲聲
青山翠碧的呼息
我進入盛放的紅杜鵑

草野蟲鳴一絲一絲
引發心中花開的韻律
芬芳綻放的聲音
是松風吹過一湖雲影
有漣漪花香

深綠淺綠的鳥聲
渲染一身翠碧的松香
我是一座空山

有雲水悠悠的流意
陽光金燦爍亮

白花花溪水波聲
愈聽愈靜
嵐霧飄過青峰的感覺
天光欲隱未隱
心在浮雲去住之間

營火升起時
松香混入暮色煙茫
峰濤騰騰沸亂
飛鳥從日落的方向歸來
棲落胸中晚霞燃燒的千山

星星在樹梢閃閃滅滅
花香冷冽地襲來
露水冰清玉潔的意味
花光和月影相互交替
一暗一紅一暗

七星山

二

黎明誕生的時候
我振衣而起
海拔標高千尺
一聲長嘯扶搖直上
青山重重疊疊
翠碧在發光的眼瞳

追逐胸中的千巖萬壑
碧澄澄清涼的溪泉
十里琤琤淙淙
花瓣自開自落
我向深山深處行去
彷彿自在的雲

春色漸聚漸濃
深入鳥聲群集的深山
傾聽青峰白雲的動靜
星星化爲露水
露水化爲岩石
百花在腳下如煙舒展

雲濤迴盪心胸
清滌千山萬壑
我進入空山的味道
淙淙如自在的流水
山巒化爲雲霧
雲霧化爲青天

心中一念不起
體會白雲飛白的意味
煙嵐拂過峭壁的青松
溪聲和暮色相合
隨一隻鶴逐雲而去
千里意趣飛飄

空山寂靜空曠
月初生的時候
清光瀉下十里松濤
我伴松風歸來
夜色自自然然領會
心和月一起孤圓對照
1980

七星山

三

晚霞變幻著天空
和瞳孔溢滿的山色
踏過落葉的腳步
千花萬花謝盡
浮雲緩緩流過胸中
遠處松林如煙

一輪落日紅圓
墜入花香飄逝的空山
黑夜釋放的心境
一顆星就在那裡對話
心化爲石而石又磨成鏡
映照整座天空

螢火蟲飄然一閃而滅
岩縫中長出青草
葉尖的露珠微微晃晃
察覺星宿的引力
我進入空山的寂靜
蟲聲開始響亮

12/12/2000

陽明山

披著霧的外衣
一株花木的榮枯生死
像青峰吞吐著雲煙
靜靜聆聽鳥啼
青山空碧的聲音
雲水的心緒若有若無

我像蝴蝶一樣
在盛開的花中流連
剎那撩動的春情
和光陰的流逝沒有緣由
春風再一次吹拂
花瓣和鳥聲散落一地

風停下來的時候
靜靜聆聽霧的聲音
櫻花有意無意地飄落
柳絲青青的嘆息
和飄逝的花香一起
進入山光翠碧的心湖

12/20/1998

基隆濱海的小鎮

一

在鎮上走動多年
大家都知道的破鞋
她是有腳的傢俬
和壁上美女的月曆
一月撕去一頁

出海的漁夫追逐潮流
不免船沉網破
興奮的雲層壓低
趕星的夜路
充斥著魚的腥味

像甘甜的橘
橘子皮剝掉金黃
鎮上的人常常忘記
自己穿破的鞋
前後走過多少里路

酒瓶和肚皮的關係凸出
破鞋更像漏孔的船
注入再滿的水

都從底下洩露光
遲早會淹死

男孩子持續夢遺
堅硬了下海的念頭
紅磚牆剝落虧損
街道終年陰溼
一雙鞋能走多遠就多遠
　　　　　12/10/2005

基隆濱海的小鎮

二

空蕩蕩近海的小鎮街上
狗用全部的力量
對著月亮吠叫
不為什麼

釘子咬緊牆壁
時鐘反覆滴滴答答
察覺一個身影
穿過內心黑暗的地帶

海潮反覆用力拍打
島嶼像催眠的搖籃
通紅的眼睛支撐著屋頂
防止上天掉落

蝸牛正在產卵
一串露珠滴落
配合一顆星
在千萬光年之外毀滅

蚯蚓爬過墳墓

死者沈迷在往生的夢中
沒有發出囈語
像種子在土壤裡沈默

彷彿有看不見的星星指引
公雞突然打了個冷顫
用力縮緊脖子
太陽遠遠在海平線底下

浪花白白磨損著細砂
抹去岸上的足跡
月亮靜止
召喚著消失的時刻

竹山溪流

一

天色將亮未亮
溼草的氣味清新
群山欲醒未醒
水聲似白霧濛濛
隨著晨嵐一起飄散

摘一朵白花
花香清洌的味道
一朵白雲順水漂來
撞上石頭滿懷
山光和水色激盪開來

空氣瀰漫著草木清香
露水晶晶瑩瑩
鳥聲清亮的黎明天空
葉子微微發亮
有晨霧浸染的跡痕

坐在岩石上
聆聽河流的聲音
白雲在天空舒卷遼闊

水光沖洗著卵石
沈澱光陰騷動的雜音

萬里湛藍的呼吸
和鳥聲碧亮的意味
連結著我
連結著一座座青峰
和整座天空廣闊

用整個身體傾聽
溪流的聲音
所有的岩石發出光亮
寧靜奧祕的聲音
流過我身心清清澈澈

8/13/1999

竹山溪流

二

一隻鳥高吭鳴叫
金晃晃的陽光散布開來
草木蔥蔥萌發
花朵芳馨的音籟開展
整座山不禁動容
在我胸中上下起伏
白雲拂拭著廣大青空

竹子一節節升高翠綠
雀鳥飛躍枝頭
鳥聲搖晃著整片竹林
空碧的寧靜
鷺鷥伸展清風的翅膀
連結著我
和翠竹綿延的峯巒青青

一片白花花水沫
和溪流清心的交談
加深了山色碧綠
和岩石上時間的蒼苔
鷺鷥靜立在牛背上

新翻泥土的氣味
綠草在陽光下生煙

雲霞飄移流散
紅塵繽紛的心思
稻香四溢的暮色裡
炊煙裊裊升起
一隻青鳥飛出竹林
飛出我時光發亮的眼睛
沒入雲海蒼茫

蟲聲中溪深竹靜
野花靜靜開放夢境
月亮出來的時候
我偏離黑夜的出口
驚醒一隻白鷺
在竹枝的月光中
展翅騰空

　　　　1980

溪頭夜色

一

浪花沖激的岩石上
心是一隻小鳥輕盈
晶晃晃啼鳴月光
對著急湍溪流
山茶花落了一地
松影漸傾漸斜
溪聲清滌的心境似水
彷彿回到千年前
風吹奏過群山
我是這青松碧綠
清新的龍吟似月光
回應了鳥啼鳴囀
花香若有若無
流螢和星星一起明滅
在夢境裡發光
時光悠悠蕩蕩
彷彿螢火飛出我的身心
漸飄漸離漸遠
露水在松針尖緣
一顆顆寧靜，滴
落　　　　　　　　　　　　10/28/1988

溪頭夜色

二

松在霧中若隱若現
露水溼潤蟲聲
像星星一般閃亮

淙淙溪水流過天空
亮麗的白花和岩石散布
像星星一樣發光

蟲聲和水聲清清澈澈
一絲一絲沁入心中
天地龐大細緻的寧靜

星星閃爍神祕的音律
一朵茶花靜靜飄落
歲月白在水中

9/12/1998

溪頭夜色

三

越過大海重洋
晚風輕輕吹過原野
群山起伏波動
島嶼像搖籃輕輕搖晃
大地奧秘召喚的聲音

夜靜靜圍攏過來
星星佈滿天空
倒映在黑得發亮的湖心
我的眼睛也在湖中
一起煜煜發光

四野的蟲聲晶晶亮亮
和群星相互呼應
閃爍著神祕的語言
心中沁涼的夜色
天地緩緩旋轉運行

12/12/2000

楊　梅

翠碧的蟲聲清冽
和松針一起飄落
山色青青草木的味道
湛然銀灰的天空
像快速揮拍的蜻蜓翅膀

帶走我昨夜春雨的行跡
溪水聲潺潺清冷
枝葉閃動雨珠
白蝴蝶靜靜闔上翅翼
棲息在春光溼透的花瓣

鳥呼聲此起彼落
空氣飄晃著淡漠花香
蟬聲響綠田野
新苔爬上了溪邊岩石
百合花皎然盛放

白鷺鷥飄過水田寧靜
飄過我遙望的視線
悠悠越過青空
身心透明的感覺
一片曉風澄澈清涼

11/5/1998

楊梅小鎮的一天

夜裡長髮梳過的心事
掛在曬衣架上
像剛剛晾洗的衣服
兀自一滴一滴

錯開婆婆的眼神
和假牙格格相碰的聲音
提著菜藍拐過
流言彎彎曲曲的巷道

放進藍裡的青菜鮮綠
叫賣聲口水過多
小販唾面自乾
口氣滿是五穀雜糧

穿過各地方言的間隙
新開的麵包店
烘烘吐司剛剛出爐
香郁加深了街坊的溫暖

擺地攤小姐的媚臉
擦得察言觀色
將欲望漲滿我的身體

取悅早上的太陽

幾條街外蓋起好些新屋
中藥鋪接著西藥房
妙手回春的匾額
想到小姨子月經不調

大嬸婆風濕的關節
還有前夜苦雨的味道
想到生活的波瀾
舅公的血壓斷斷續續上升

茶莊老闆的咳聲道地
有空請來坐
觀音茶沖泡著日子安寧
口音裡鄉土氣味濃濃

像土狗拖著街道的尾巴
隔鄰傳來一曲歌謠
釘子敲打生活的細節
院子母雞咯咯叫了幾聲

拔下充電器忙碌的插頭
乳房脹得難受
寶寶的哭聲
讓奶水不禁流出來

洗淨熱汗溶溶
煥發著容光清涼
舌頭充滿花言的蜜意
我這樣使勁活著

像綠葉一樹翠碧
在日光中閃閃發亮
小鳥合聲的清音悠揚
譜出小鎮一天的開始

　　　　　　5/28/2004

鹿谷夜色

蟲聲漸聚漸濃
晚風習習吹過來
一樹顫抖發光的白花
花香煙霧瀰漫
山影朦朧的內心
有一種神秘莫名的騷動
像星星閃爍夜空

神話初生的時候
曾經一隻鹿
深入白雲流連的峰巒
帶領爍亮的蟲聲鳥聲
和溪水一起奔馳
在此留下生命
追逐光陰碧綠的跡痕

蟲聲愈響愈亮
夜色愈深愈暗
生命中一種對話的方式
我豎耳傾聽
遠方山林的動靜
和夜空閃爍的星星
內心的一種寧靜深沉　　　　　2/17/1991

飲鹿谷凍頂茶所得

一

洗淨的白磁杯裡
一天開始發亮
霧氣溼溼潤潤
水漬斑駁的晨光
有淡淡花香若即若離

雲霧滋潤的日子
清風說也說不明白
裊裊一杯茶煙
峰巒翠疊的山光
柳絲碧綠的茶香

在青草中閃閃爍爍
鳥聲幽綠的回音
風飛入蒼松
化作清新的龍吟
有煙冉冉升起

心事隨山嵐漸飄漸散
我像一朵浮雲
偶然飄來青山翠谷

看一會人世代謝
和光陰寧靜的沈澱

松濤蕩然的胸中
充滿茶意清清亮亮
白雲悠悠舒展
飄過一無牽無掛的穹空
又是一天心曠神怡

6/21/1999

飲鹿谷凍頂茶所得

二

野花開開謝謝在棋局之外
落英曾經繽紛的心情
恍然詞不達意
上山的遊客
放下紅塵紛擾的人事
像春風拂袖而去
了解浮雲流動的心的本性

清風吹過塵世的身心
體會青松翠竹間的細語
喝一兩口茶
淡淡清心的意味
讓碧亮的蟲聲鳥聲
和青山對話翁翁不已
一座座峰巒碧綠

再喝幾口茶
霧氣變化的心情
便是流雲逍遙自在
一條河順著心念流了下去
像春風拂過水聲

議論著流動的水的本性
遠遠在茶意之外

鳥聲歇止的時候
松針過濾了湛湛然天光
野草長出翠綠的新葉
下山的遊客
和山色眉來眼去
浮雲舒展過的身心如鏡
清澈澈映照著容納著塵世
　　　　　10/13/2003

雲林秋光

落葉沙沙作響
秋光開始彌漫
浮雲變奏著山巒
腳下的路徑正在轉向
秋風吹亮草木的本性
太陽一無所有
風吹得空曠徹底

勞動結實的村莊
有崇山峻嶺的本色
和崢嶸的骨氣
向枯枝學習容忍
我們的身心可以匹配
簡單統一的
天地清淡的寂靜

報答收割的田野
鐮刀開始生鏽
促使生命反省
聆聽落葉消逝的聲音
沒有言語的修飾
秋色均勻完整
天堂高高在上歇息

一條河語調從容
延緩了光陰清澈的腳步
沈靜發亮的日子
果實給了種子許諾
秋天湛藍安詳
可以匹配我們
一生樸素的靈魂

　　　　3/3/2007

三峽小鎮的故事

間歇的鳥聲清脆
虛掩的門窗張望著
巷口流汗的夏天
陽光金亮的雞啼昂然
傳出來昔日的風情

雲霧渲染過的山峽
鄉土能夠體會
老榕樹紮根繁衍
伸出枝幹茁壯
蟬鳴的綠浪翻湧

溪水匯流三角湧
聚落蓬勃擴張
回溯開墾溪谷的時光
肥沃的土地沖積
翠綠扶持的枝葉茂盛

花光旺亮院子
擾人的蟲聲陸陸續續
包容淚水的故事
情節激動的歌仔戲
唱腔拉高了亮度

蝴蝶能夠體會
落花和耕耘的意義
鋤頭挑著莊稼的漢子
用力幹活打拼
穿過赤熱的下午

風在打滾前進
涉世已深的鄉野
街坊開張大吉
疼惜踩痛的紅塵
廟宇濟度蒼生

心血灌注的
潤澤豐美的日子
像蟲聲鳥聲充滿的果實
充滿種子的意味
在鄉音共鳴的小鎮

一起牽手開拓的家園
我體會你
像紅透的夕陽
體會著彩霞繽紛
體會天地融洽的光陰

6/3/2007

南投春光

天空虛幻的像滴露珠
陽光穿過枝葉新綠
照在臉上的感覺
像微風晶晶亮亮
土壤蒸發春天的氣息
我的心沉靜下來
和晃動的花香達成平衡

一樹葉子閃閃飄動
清亮澄澈的晨光
蝴蝶停在溪邊野花上
和花朵說了些水花話語
我的眼睛炯然有神
靜靜凝聽萬籟的韻律
和心靈相應的漣漪波動

野花飄晃著陽光氣味
蝴蝶飛入花瓣裡
釋放更深一層的花香
山嵐漸散漸開
鳥聲搖晃著花光
亮晃晃碧綠的啼聲中
我達到鳥的本性

岩石靜靜聆聽白雲
和清風和山鳥溪水的交談
我在傾聽中遺忘了語言
發出一聲杜鵑幽幽
芳馨四散的嘆息
溪聲洗淨了黎明天空
和萬象森然羅列的春心

南投秋歌

一

浮雲飄動整座天空
日照的一頭白髮
我細細傾聽
光和影密密糾纏
蒼鬱的心事
和一樹金黃的葉子晃動

看一個長長下午
靜靜消逝在樹林裡
山色更加深遠
風從深林暗處吹來
帶著山鳥的回音
和雲靄留白山野的聲音

一起成為秋天的一部分
10/8/1999

南投秋歌

二

秋天是晶亮的公雞眼珠
花蛇唱著一支艷歌
雲霞飛吻的山盟
踩著陽光的音階升高
話語飛上松枝翠綠
驚散幾隻青鳥

夕陽是顆紅柿子甜軟
你羞紅的臉龐
像蘋果熟透
我偷偷咬了一口
紫蘿蘭天空
升起一彎新月銀亮

星星是貓頭鷹的眼睛
流晃著碧綠光芒
野貓暗自舔著月亮
孩子們吃著月光
死亡的甘味
像苦瓜碧綠晶瑩

12/9/1999

南投秋歌

三

風帶動整座天空
浮雲飄得很遠很遠
靜靜躺在草地
溫暖一片午後的陽光
我的腳像草根一樣茁長
伸入泥土探索著大地
我的手像草葉一樣茁長
感覺風在搖晃著天空

鳥聲在碧草搖曳中發亮
青峰一座座昇起
青空一高再高
澄明的秋光遍及天堂

全心全意去聽鳥鳴
寧靜晶晶閃閃
蟲聲滲透我的感官
心念像天光一樣清澈
浸在陽光金亮
每一刻都是美妙時刻
像一條河流過我的身體
雁子成群飛過天空

10/30/2000

谷　關

一

一夜綿綿春雨
淋溼三十年繁花夢境
沈甸甸的岩石心事
在旅舍窗前看山
千般變幻的綠深深淺淺
旭日冉冉升起
溫暖心中
千百座淋溼的青峰

一條蜿蜿蜒蜒
鳥聲濺亮的櫻花小徑
推開窗子
早晨陽光靜靜
清涼透明的感覺
一絲一絲穿透胸膛

松針一顆顆水珠晶瑩
亮在翠碧的眼瞳
煙嵐飄過山徑
岩石靜靜發出光芒
蟲聲晶晶亮亮

天空像一滴湛然露水
在心中漾漾晃晃
空氣裡有松香淡淡悠然

冷洌山風吹來
整座山晃動了一下
松濤澎湃出竅的身心
茫然然忘神一頃
好一會才恢復知覺
天空清澈空曠的心情

鳥聲搖晃著山光翠碧
草香淡淡清心
應和著水聲清亮
花香溼溼潤潤
鷺鷥閃閃飛過秧田
帶著視線在晨光裡迷失
天空灌溉著心田蔚藍
靈魂閃閃發亮

坐在岩石上曝晒心事
和中年過度操勞的骨頭
白雲一如新彈的棉絮
陽光靜靜
溫暖親切的感覺
穿透一生想念的胸腔

1998

谷　關

二

循著溪聲琤琤淙淙
我沿路釋放
心中侷促的風景
雨霧掠過青峰
有著青草青的意味

野花沿著山徑蜿蜒
雨後的鳥聲
啼亮碧綠清新的味道
白晶晶水珠一顆顆
串在青青柳絲上

溪花和水花彷彿相識
岩石在傾聽
漸爬漸高的青苔
天上的雲地上的樹
在水中合為一體

一隻黃蝴蝶翩翩
把花光和水色連綴起來
懸空在松針翠碧

雨珠晶瑩瑩的眼中
我和青松是一

蘆葦在風中說了些什麼
青鳥紛紛飛掠
我是苔綠的岩石
在歲月遺忘中
看浮雲渺渺峰巒疊翠

一絲絲幽綠的蟲聲氣韻
我不知不覺進入
山泉和山鳥的清談
看白雲漸淡漸化
心中湛然的天光蔚藍

谷　關

三

桃花自開自落的村莊
紅瓦靜靜蓋著屋宇
讓蟲聲和枝葉茂密發亮
露滴從花瓣邊緣
滴落山崗翠綠的寧靜

流過與世浮沉的身影悠悠
小河漫漫流動光陰
將沙子流向大海
成群結隊的候鳥飛過
風一吹就皺的天空

紫色牽牛花爬上斜坡
露水激動的嘴唇
像雲朵擁抱雨中的陽光
垂柳將春光灑滿
一條山路沒有盡頭

招惹蝴蝶紛紛飄飛
摘下花枝紅艷的手裡
有花香若無其事

將漣漪波動的天空
映在溪水清洗的眼睛

樹苗蔚然茁長
在心中交映發亮的枝葉
陽光穿透露珠的感覺
我穿過果園
有山色和雨的味道青青

10/5/2004

白沙灣

星辰如潮浪湧現
躺在沙岸上
以整個身體傾聽海
千里澎湃的潮聲
星星佈滿天空
黑色神祕韻律的聲音

潮水湧動大海
心念瞬間千頭萬緒
浪花隨生隨滅
星星閃爍的光陰
像生命和黑暗的交流
千思萬想的泡沫

潮水一波又一波
湧過來又退回去
千里潮音晃動
夜色黑暗的回音
進入內心深處
整座天空和大海遇合

廣闊的星空俯身下來
所有星星眨亮一下眼睛

我出竅的靈魂
愣愣出神好一會
整座沙灘晃動了一下
群星喧嘩的夢境

11/18/1999

九份小鎮

一

島嶼偏遠的東北
海是山的孿生兄弟
岩塊嚴重剝落
漂木發白泛潮的沉默
四散在岸灘上零亂破損

芒花白白空蕩的日子
像暴風後海底的沉船
偏僻的寂靜斑駁
眼臉遮住了不安的海浪
像貝殼回響的潮聲

冬天的季風颳過
屋瓦像浪起起伏伏
翻騰著濛濛天空的倒影
失散的影子走入
黑暗遺棄的穴道礦坑

一隻狗繞過巷口
悄悄垂下黃昏的尾巴
街道潮溼顫抖

又腥又鹹的尿意黃濁
浸泡著暮色陳舊的九份

離開歲月滯留的小鎮
像岩石暗自剝落
我的身影獨自召回寂寞
夜色幽幽發亮的眼睛
有光陰和海的波動

12/01/2003

九份小鎮

二

像一個人下到地獄
黑暗穿透徹底的身心
進入礦坑再出來
泥土的氣息
野草青青的氣息
混合著大海的呼吸
山嵐翠綠濕潤
我用信仰的眼光
重新看待天地人世

廟宇的香火依舊
山頭墳墓一排一排
時光消失的小鎮
路途蜿蜒曲折
記憶一階一階拂拭
黑暗的心思
重見風光化日
我像死者救活過來
緊緊抓住活命的時辰

1/4/2006

青春走過關仔嶺

蝴蝶飛來又飛去
親吻一朵朵綻亮的芳馨
讓陽光更明更豔
盛放的玫瑰感觸良多
微風輕輕吹拂
只有藍天可以表白的心意

青春走過關仔嶺
身上緩緩流動的陽光
變幻成一條河
洋溢著泥土的氣息
彷彿要流到年華逝去
流到春天要去的遠方

讓自己像嫩葉一樣鮮綠
我靜下來傾聽
夏天從枝葉滑落下來
光陰青翠盎然
橘子充盈的光輝靜靜
散發著陽光的氣息

風吹過林子閃閃爍爍
遙想遠方的情人

眼中蒼翠喜悅的光芒
日子恍恍惚惚
像花瓣撐不住蜜蜂
顫抖著溫馨的陽光

彷彿聽得見自己
像花一樣盛開
盡情盡性地開放
浮雲蕩然的天空晴朗
我的心得到了靜謐
還有此刻隱藏的神秘

12/30/2003

濁水溪

為了清洗沖刷島嶼
改變天空的顏色
我是泥沙渾濁的溪水
不停向前流動
不停修改河床和土地
讓陽光和草木一起工作

雲在嶺巖間繞了一個彎
層層峰巒甦醒了
我是勤快勞動的溪流
讓泥土淤積肥沃
讓人們像青山一樣
有著堅實硬朗的體格

溪邊野薑的花香
清涼一如黎明的天空
我追逐雨的行蹤
穿過青山碧野
白鷺鷥紛紛展翅飛過
綠油油的田地發亮

翠竹在清風中輕輕吟誦
青菜瓜果的碧綠

河流盡情擁抱的村鎮
像秧苗盎然勃發
茁長興旺的生機蔚然
是我永生的心願
　　　　　　10/24/2005

如是我聞的苗栗

一

烏鴉一大早呱呱亂叫
村子從夢中醒來
知道夜比白天深沈
黑暗的天空後面
星星仍在閃爍
草葉上的露珠滴落
滲入塵土

聯結雲霧飄浮的青峰
雞鳴不已
讓晨光豁然開朗

時光流動沖刷
沿著山腰彎彎曲曲
小河穿過松林
和野草反覆榮枯的鄉野
在山窪圈出一個湖
收留老天的臉色
滋潤日子

因為自然的節奏

青蛙撲通撲通
激濺山光碧綠的水聲

男孩子要長成大樹堅實
枝葉散發著陽光氣息
鴿子滿天飛翔
女孩子鮮花插在髮上
麻雀吱吱喳喳
晨光吹亮
碧葉清涼的一面

樹在冒煙
草葉幽幽默想著陽光
不知爲誰而綠

蜻蜓低低飛過草叢
哭泣的蒲公英
知道土地深處的秘密
風掠過樹梢
千葉萬葉天空的回聲
在湖面波動
是耳朵聽聞的一切

野花隨意盛開
隨意凋謝
和漫山的鳥聲散落一地

風繼續吹著
木塊臨時搭起的臺子
做了七天法會
撐起天空的一株柏
鋸斷的樹幹上
年輪一圈圈明明白白
成材的心

紙錢燒化的灰燼
在和尚唸經超渡聲中
飛揚四散

深山古寺裡
地藏王菩薩合十的掌中
釋放出一隻白蝴蝶
翩翩飛到墳前
在盛開的蒲公英
停佇一會
又飄過眾人的心頭

一朵雲帶著雨意
抹過蒼鬱綿綿的青峰
不知所終

死者的汗水浸透
黑暗深沈的土壤裡
種子會抽根發芽

會穿出地面
找到陽光和露水
雲霧一波湧過一波
有碧海的韻味

烏鴉暫時噤聲
風繼續吹著
村裡人就這樣活著
　　　　4/7/2005

如是我聞的苗栗

二

吹過芭蕉林一片
濤聲碧綠
千萬層綠浪高高低低
應對起伏的山巒
和大海遙遙
青崗上唯有白雲飄蕩

裝滿陽光的橘子
沉甸甸紅了
石磨休養的時候
樹幹拴住水牛
公雞啼得眼睛出火
青煙四下繚繞

黑貓躍入花叢深處
追逐著蝴蝶
進香客心懷非非夢想
廟裡懸著一口鐘
吊錘神魂搖蕩
充滿了威脅

留下鐘聲的痕跡
耳朵癢了起來
讓柳絲搖曳生姿
女人的頸子掛著鈴鐺
讓男人的眼珠叮叮
噹噹作響

舌頭伸出來
就有口水流淌
想和秋波酣酣對飲
看過大海之後
村裡人眼睛發亮
坐在雲端想來想去

酒瓶塞打開沖沖
一股霞光飛濺
流血的渴望
遠征過明日天涯
候鳥脫落雲遊的羽毛
落在河灘的鵝卵石

村子是多麼寂寞
沒有風雨便沒有彩虹
失蹤的烏雲
像夜晚通過內心
鳥巢空空
留下美好回憶

9/28/2005

如是我聞的苗栗

三

火車穿過層層峰巒
就回到了故鄉
低空掠過的白雲
將山丘起伏
媲美成哺育的乳房
密密相思林裡
有相應的潮音押韻

梯田泛著天光
春雨潤溼過的村莊
母親握著我的手
玉蘭花的幽香
走過茶樹嫩綠的山坡
陽光發亮的斗笠上
麻雀飛揚紛紛

當青蛙鳴叫
池塘碧綠的夢想
一條河嚮往著大海
走過另一座橋
我俯身於河水的影子

還在漂浮不定
抗拒著流逝的時光

見過世事悠揚的大海
鳥兒不知去向
眺望地平線遙遙海面
不曾浮出的礁岩
年光寂寞的旅愁中
我汪汪的眼睛
不斷有濤聲拍岸

一棵棵楓樹叫喊著黃昏
遙遠的犬吠聲
好像從山村那邊傳來
在我內部召喚
潮溼的鄉音彷彿
看見了母親遠眺的目光
叮嚀著聽不見的話語

大雁飛向遠方
加深了露水的涼意
月亮變圓了
酣眠的村子像菊花一樣
悠悠潔白莊嚴
月色醞釀寂靜的地方
懷念的心思沉鬱

11/9/2005

如是我聞的苗栗

四

拖著黎明的天空
一頭水牛低頭
走向翠綠潤溼的田野
樹伸出枝葉
彷彿手掌張開
不斷向上天祈禱
又是新的早晨開始
太陽熾熱的心
亮出鄉野翠碧的光芒

一村清亮的人
從鳥叫聲中聽到
晨光平靜和長空蔚藍
延長著心中的諧音
發亮的井水了解口渴
泉水潺潺湧出
清滌說過的話語
村子的土壤
聽得懂樹木說的話

陽光通過花叢

變成芳香的汁液
四面青山興奮
天空在湖面重現
情人擁抱碧樹的倒影
魚的快樂沒有話說
山風迎面吹來
紅嫩私語的花香
肌膚像花瓣一樣光滑

烏鴉啼叫過的鄉野
像黃昏的天空一樣滿足
彩霞犁過水田
流火的雲朵
叫出萬物的名字
在河流匯合的地方
春風拂過大地
小娃子誕生
產生另一個太陽

11/17/2005

淡水小鎮的生活

一

海風吹過來
有泥土泥濘的味道
淡淡飄逝的花香
什麼也沒說
血液裡的濤聲洶湧

不是遠航的帆
港口的嚮往
是船舶渴望的大海
青山微微晃動了一下
漣漪還在心中波動

一個陷入眼睛的下午
我倚在窗口
平白想些荒廢的心事
陽光鼓脹的乳房
消逝爲遠方的浮雲

修剪枝葉蓊鬱繁多
像在徒然修整
雜生蕪亂的記憶

思念像玫瑰花瓣飄散
花園裡年復一年

花朵的心中
有過蜜蜂的話語嗡嗡
揉皺的黃昏
彩雲在空中流散
向海的流水溢出河床

陽光從我胸中穿過
遺留在桌上
難以成形的咖啡漬
花瓶內擱淺的水
遲遲沒換

11/29/2005

淡水小鎮的生活

二

一種早晨的秩序
百合在晨光中探索
滲出閃亮的水滴
花香奏鳴
伸直春天激昂的脖子
鮮血變得鮮紅

陽光遍地照耀
改變了蘋果的氣息
小鎮的深巷裡
花瓣散落的對話
舌頭頻頻出火
一叢帶刺的玫瑰花叢

鴿子掠過彩霞天空
赤色的傷口變深
種子夢想新生的綠意
我捏緊拳頭
連根拔起
歸於泥土的日子

在鐮刀面前
落地的稻子不死
這就是秋天的心情
看著它滴血
你握著一支蠟燭通紅
穿上夜的黑袍

月光流出來的時候
你緊閉雙唇
身體裡一片漆黑
黑到了盡頭
眼珠閃閃發亮
煙波瀰漫的虛空渺渺

翠綠曾經俯身的山村

山坡光著腳
麻雀飛來飛去
穿過密密芭蕉林
綠葉接天的村子裡
他在草地打滾
檳榔樹高高站起來
手掌招撫著流雲

曬燙的柏油
黏不住路上的影子
一口痰吐在田野
污染皮鞋到達的地方
在香蕉林裡幻想
他的臉閃耀
陽光想像的天空

稀釋的諾言
像一顆樟腦白白
遺忘了腳下的泥土
生產過多的香蕉
沒來得及成熟
通通倒入消費的大海

磨損的錄音帶
依舊播放著老歌
一波波浪頭
洶洶在太平洋彼岸
吃香蕉的年輕人
隨著潮流離開本土
心思開始腐壞

外黃內白的香蕉
忘却的往事暗暗流逝
他掙扎的生活撲騰
像啄食的麻雀
伸長了脖子
埋怨觀海的旁人
在白花花浪沫的海邊

像保養不良的汽車
拋錨在高速路上
他的夢想迅速折舊
仍未到達的地方
雀鳥吱吱喳喳
在浪花翻滾的記憶裡
說另一種語言

12/16/2005

寶　寶

一

大海搖晃著
防風林外永恆的波浪
千浪萬浪在起伏波動
聽著大海搖晃的潮聲
我搖著心愛寶寶你

夜色搖晃著
防風林內起伏的稻浪
風吹著稻浪千頃萬頃
聽著稻浪搖晃的風聲
我搖著寶寶你入睡

島嶼搖晃著
海浪稻浪搖晃著寶島
星星搖晃著美麗夜空
聽著銀河搖晃的水聲
我搖著寶寶你入夢

　　　　　1999

寶　寶

二

唸一則小野狼故事
領你到童話的夢鄉
寶寶你閉上眼睛
哼一首催眠小夜曲
引你入童話的夢境

星星佈滿天空
野狼小熊回到森林
闔上一本童話書
王子公主回到古堡
寶寶你閉上眼睛

細細端詳你臉龐
一個蘋果紅通通
收拾你打翻的世界
玩具積木四處散落
心地一片潔淨

寶寶你閉上眼睛
小手緊緊握住
一顆睡著的星星

我們緊緊守護著你
守護你發光的夢境
5/20/1999

寶　寶

三

翠綠鋪著草地厚軟
蜻蜓透明的翅膀
安靜飛翔
光線滿滿的祝福
花香甜甜蜜蜜
我光著腳
走入你天真的夢境

和陽光一起嬉戲
流汗奔跑
撥亂了風的短髮
青鳥鳴聲高亮
召喚親切的天空臨近
你歡呼跳躍
要和我一起比賽

森林裡動物出沒
我屏息察探
隱瞞童話裡的夜色
黑暗的情節
沒敢出聲驚嚇

讓你繼續相信
夢中美麗的世界

蜻蜓低飛來回
你跌倒多次
又勇敢站起來
流雲到遠方流浪
夏天將至
我在你眼睛裡
看到世界的善良美妙

走過陽光草地
在夏天俯身的小鎮
翠綠梳理的時光
步履從從容容
透露出我
與夢結合的秘密
和心中滿滿的希望

12/17/2005

說水果的話

溪流有光，水亮的月光
我想要吃鳳梨
媽媽買回來一個月亮
黃澄澄一片甜津津
月亮清馨的味道

草葉有光，露珠的星光
我想要吃楊桃
爸爸買回來許多星星
亮晶晶在牙齒生津
星星清涼的味道
　　　　　　　2/8/1999

父　親

一

月色漂浮著小鎮街道
枝葉庇蔭的陰影出沒不定
蒼白畏寒的心事
我和家人圍在床頭苦苦守候
父親嚥下最後一口氣

白蟻咬蛀著陳舊的牆板
黑暗在房裡默哀
思索著一盞燈能燃亮多久
記憶破損的角落
散亂的心緒如荒草雜生

月亮破缺的片斷
拼湊出一生打拼的命運
死者保持的沈默
堅持著土地堅硬的意識
水在深井中顫抖不已

夜色圍攏過來
血汗蕩然塗地的鄉野
鋤頭用力苦苦挖掘

盲目找尋田園的出路
星星消逝在往生的眼睛

淚滴在失眠的小鎮
我決心遠走他方
穿過露水泛白的夢境
絆腳的月光一路翻山過嶺
帶走家鄉如霜的思憶

　　　　　　12/12/2000

父　親

二

我害怕父親的沉默
像一面牆
剝落年久龜裂的傷痕

酒氣上沖的咆哮
那些日子常常
夾著小孩的驚叫哭泣

垂頭凝視地面的牆影
我遲鈍的眼神
在夜色裡滯留不歸

我們很少說上幾句
日子像葉子飄散
我離家遠走不再回頭

一年又一年過去
朵朵浮雲無端飄動
雁子飛逝的天空

秋天晃動著黃昏夕暮

我想念父親的話語
像黃葉零零落落

記憶裡一條鄉野小徑
風中的芒草搖白
秋聲荒蕪黯淡的往事

割開癒合的傷口
一彎弦月靜靜
亮在夜色深沉的眼中
　　　　5/17/2001

父　親

三

留下暮色沉寂的山野
鳥向遠方飛去
我凝望著天空出神
無端端想起父親

風吹來吹去
樹影在地面顫抖
楓葉消魂的回聲飄散
一片斑駁的涼意

父親的手掌
將荒地耘成田地
陽光將秋色漸聚漸濃
大地像蘋果熟透

我在落葉堆裡
踩響秋聲別離的音階
一朵白雲
在心中停頓片刻

夕光中眺望浮雲的心思

感覺身心像一湖水
在風中悄悄蒸發
故鄉秋涼瑟瑟的嘆息
　　　　5/20/2001

父　親

四

風吹過來濤聲
木麻黃一排接一排
凝望遠方深綠的山頭
思念父親的浮雲
飄過午後寂靜的天空

浮生破碎的意念紛紛
像風中飄散的落葉
湧上來浪花一排一排
泡沫細碎破滅的聲音
沙灘上抹去的跡痕

草木魂飛的氣味消散
枯枝指向天空
麻雀瑟縮著頸子
一動也不動
盯著不安的暮色沈沈

秋天正在消逝
雲飄來飄去
想念父親的心思

隨著飛鳥沒入遠天茫茫
一切都沒有發生

所有事物的意義像是雲影
將要到達夜的底部
一片落葉飄下
在風中逗留片刻
加深了秋天寂靜的內容
　　　　　　　10/23/2001

父 親

五

當月亮靜靜升起
思念像變色的楓葉斑駁
秋風吹拂著大地
像月亮在廣大的夜空
故鄉在喊我的名字

草葉上懸著的露珠
是牽掛的心思
等候在暗夜的街道
父親的白髮稀疏
像一盞燈亮著

莊稼的重擔壓駝
身影遮蔽了僻壤的荒涼
月色發亮的眼睛裡
寂寞堅忍的歲月
有父親彈落的煙灰

我在心中呼喊你的名字
故鄉荒涼的一代
石頭默默化爲田野

秋月照亮寂寞的心底
所有逝去的事物

夢關在我的抽屜裡
日子貧瘠的心思
一盞燈熄滅後
凝望夜空的眼睛
傳來月亮破碎的聲音

1/08/2003

父　親

六

浮雲蕩蕩的意味
感覺樹葉正在變紅
烏鴉的低飛反反覆覆
從一個村莊到一個村莊
秋光穿透每一片黃葉
留下父親的死亡

陽光掃過散亂的心思
一陣天空抽搐
烏鴉啞啞的叫聲
令我身心一貧如洗
散發著秋天蕭瑟的來意

寂靜緊緊抓住枯枝
在雜草叢生的記憶裡
我清理出一塊空地
蒼涼沁透的胸懷
重溫父親的往事
暮色還有晚霞絢麗

像收成後的田野

父親的一生
熟透的果實落地
剝落腐爛衰老的時間
露出堅硬的核

海風颸過山巒
傳來浪花濤聲的問候
充滿了觀音的悲憫
落在青山鬱鬱的天邊
父親的背影
帶走身上落魄的光陰

6/21/2004

父 親

七

樹不明白
葉子能飄落多遠
只有秋天知道
父親的白頭
牽引著天上的浮雲

風帶來了嘆息
父親的背影愈拉愈長
石頭的沉默
根深蒂固
看不到黑暗的喧嘩

便是菊花的散落
記憶總把美好留下
雲在天上飄
沒有方向
反而帶給人們希望

葉子旋轉不已
靈魂顫抖的新歌
夕陽給了流雲

晚霞殷紅的性格
深入人心

種子啜泣
在果實裡成熟
我伸長頸子
目光飄得更遠
加深蒼天的意義
　　　　　8/19/2005

父　親

八

踢開石子冰涼
踩著清晨的腳趾
挖墾著田野和希望
發亮的鋤頭
信仰家鄉的土地

在塵世摸索一輩子
父親經常敲我的腦袋
經常空洞的腦袋
似乎聽見了什麼聲音
茂密的玉米地

像河流帶著時光
悠悠流過村子
天空這麼蔚藍廣闊
我發誓要走出門
一去永遠不返

走出玉米的陰影
離開家鄉多年
很多東西扛在肩上

流浪一個又一個城鎮
穿越夢的光芒

孤獨的男人
嘗試到更遠的天涯
我像水花泡沫
被激浪沖了回來
虛幻的一生

沿著河水逆流回家
找到田野踏實
沾泥的腳跟
讓時光彎下腰來
重新拔草播種

玉米茂密的鄉土
我的小孩坐在身旁
流星出沒的河邊
冰涼的石頭
時光悠悠依然

新翻的土坎
身軀有骨有肉
我敲敲他的腦袋
似乎聽見了什麼聲音
寧靜而又遙遠

12/13/2005

父　親

九

田野的活計荒涼
貧苦給他一記耳光
面紅耳赤的聲音
一直響到現在

顏衰借酒紅的天空
飄滿雲霞
他彎腰的影子瘦長
拖家帶眷

詛咒天地的聲音
穿街過巷
我跟在他的身後
陽光茫茫暈眩

黃昏迎面錯身而過
哈欠不曾回頭
他的軀殼
像一隻空酒瓶

我和他的生命之間

保持著沈默
直到死亡斥罵的靈魂
滾出家門

秋天俯身的小鎮
像風吹落葉
片片枯裂聲中
狗咬著尾巴來回打轉

太陽下山又重新升起
雀鳥吱吱喳喳
陽光拍翅的聲響
一路向上

死者的記憶
消耗著土壤的身心
養家活口的憂思
跟著我一輩子

田野發出光輝
群山綿綿碧綠的夢裡
我頻頻回頭
眺望落日

晚霞用眼光
改變了黃昏的陰影
我原諒自己
也原諒他　　　　　　　　　　　12/15/2005

祖　母

陰霾天空裡一串悶雷
祖母的咳嗽
一塊塊烏雲聚籠
像黏在蛛網上的灰蛾
盡力拍振著翅膀

記憶裡醃漬的蘿蔔乾
太陽毒辣辣
那些苦日子一串串
像抹掉的眼淚暗暗
滋潤著后土

咳嗽後的靜默
像悶雷過後的天空灰霾
烏雲密佈沉悶
像一口沉寂的深井
暗自噤聲肅穆

憂傷的日子結隊經過
小徑光著腳跑入山野
我們小時候
像麻雀一樣跳著腳圍繞
緊靠祖母身旁

暴風颮過來
山色驚惶失措
石頭在荒野裡慌張呼號
天空黯然失神
雨仍然下著

　　　　5/31/1999

母　親

堅持實在的一生
吸收陽光和雨水充足
生命溢出軀體
成熟的果實沉甸甸
將枝條彎向大地

辭枝的果子
是母親滿心的喜悅
島嶼貧瘠的土地
勞動的生活
充斥著鹽的苦味

抓著泥土的根
有我執著的個性
沒有捉住蝴蝶
卻赤手捉住太陽
讓田野碧綠

藏著開花的欲望
展現出本色
種子懂得索求光明
蜜蜂嗡嗡的響亮
有母親的叮嚀

地心引力的沉思
收斂在黑暗的核心
從身體裡的深夜
月亮流了出來
今夜我只爲母親寫詩

月光正在雪亮
進入詩中的字裡行間
找到母親的白髮
大地更深的意義
島嶼在大海微微發光
12/8/2005

那山村靠海

三十年後我仍然聽見
母親焦急的呼喚
像稻草堆冒著茫茫青煙
收割後的田野
燃燒著灰燼黃昏

打拼的臂膀粗壯
勞動在繁衍不息的坡地
像紮根的樹
堅持著山的性格
那腳步踏實的日子

野風吹亮濕潤的星星
晨光明靜安詳
我跟隨著水牛走上田園
向土地低頭的稻穗
內心充實豐盛

村人的赤子心
像茶葉嫩綠
能泡出三春金黃的陽光
對人世充滿感動
和潤澤草木的情懷

蒼松在鳥聲中矗立
男孩爬上山崗
眺望太平洋波濤遠遠
女孩的乳房隆起
像興奮的新筍

像採收後的玉米桿
挺著身子瘦硬
母親的鄉音和島嶼一樣
有泥土粗獷的氣息
和海風的勁道

晚霞佔據了思念的天空
三十年後仍然聽見
母親傍晚的呼喚
我想變成一隻水牛回頭
回去一切本土的行蹤
　　　　11/12/06

明月溫馨的地方

月亮穿過夜色寒涼
母親警醒過來
重新將我被子蓋好
深沈的愛像大海中的島嶼
菊花溫馨的光芒
母親的臉龐
是故鄉幽馨的明月

鼾聲裡月色淡淡的霧意
母親笨拙靦腆的愛
像針線縫補過多的補釘
在我膝蓋磨破的褲管
她溫熱的愛
像熨斗用心貼切
將歲月重重熨貼摺疊

歲月在記憶裡暗自走失
夢像一扇窗
開向黑暗神祕的天空
浮雲擦拭著月亮
一片菊花散落
生命像露珠閃閃
露水的溼意讓星星釋放

一滴淚在內心深處
湧動成記憶泉源
所有的星子在夢裡發光
歲月寂寞的巷弄
她來到我秋深的夢境
聆聽岩石沉默的心事
水聲持續激盪

島嶼在心海搖搖晃晃
濤聲遙遠的思念
月光流過思憶的河床
經過的日子都留下痕跡
含著淚水睡去
夢裡感覺有人蓋被
月光依舊在臉上留下溫馨

圓月照亮淚痕的地方
從遙遠的夜裡醒轉回來
母親從未放鬆的手
伸入我思憶底層的夢
像翻舊褲管一樣
將我翻過來掏空
月光洗白深秋的寂靜

從墳墓中的黑暗驚醒
我踢開被子

菊花歲月散落
冰霜一樣的夢迸裂
腦海裡一片濤聲空盪
霜白的秋意茫茫
月光的感覺又回到臉上

月亮穿過夜色
翻過一座又一座青山
許多人在記憶裡暗自走失
我寞寞來到窗口
所有所有的月光凝聚
在遙望天涯的眼睛
許多年

10/18/1999

大海搖晃島嶼的思念

一

凝望的眼睛支撐著夜空
青松正在酣眠
岩石的心事沒入月光大海
幾千里濤聲翻滾
從加州海岸直到台灣
血脈江河奔流
浪花搖晃思念的島嶼

穿過我歲月寂寞的身體
深刻的月光
不是陸地能夠明白
夜色茫茫的眼睛裡
月亮占有了大海
心像一座孤島
潮水一波波湧上夢境

盼望的眼睛沒有歸宿
呼叫波浪的海鷗曾經
翅膀不斷奮飛
多少個夜晚我曾聽見
浪濤反覆拍打

魂魄夢遊的岸灘閃亮
在空白的地方留下星星

海風比淚水還鹹
鷗鳥叫喚的回音
掠過激情洶湧的腦海
浮雲翻山越嶺
傾聽柔和撫慰的潮聲
月光使我更加親近
浪花搖晃思念的島嶼

2/22/2004

大海搖晃島嶼的思念

二

思憶在心中翻滾流逝
河流漫漫延伸
懷念杜鵑盛開的往事
我彷彿聽到了海的召喚
晚霞打開胸懷
彷彿火焰燃燒著音節
白鷺舒展羽翼
飛過歲月飄逝的彩雲

黃葉在村落中閃爍回響
抗拒著秋風
霞光一往情深
塗抹着綠草蔓生的鄉野
蒲公英隨風飛散
又要著地頑強生長
島嶼充滿未來的希望
我諒解了黃昏

泥土吸飽了悲情
蜘蛛的腳爪沙沙響動
尋找著陰暗剝落的角落

秋天正在分解
消失的是日子的金黃
月亮赤裸著腳踝
試探著如水的天空
我留下了無怨的一生

露水悄悄落下
在蛛絲靜靜悠長的地方
日子神秘聯繫著大海
思念閃閃發亮
我的眼睛有著波浪的激情
潮水拍打陸岸
百合花正在含淚盛開
與黑暗抗衡

打開夢境的心扉
成為大海和島嶼的一部份
不久我會變成泥土
像杜鵑回到春天的歌裡
千里波濤思憶
魂魄會一年年回到鄉野
道路會一直通過黑夜
重來黎明究竟

3/25/2004

山　鬼

石頭發出疼痛的呼喊
颱風掠奪天空過後
山鬼失魂落魄
涉過泡沫喧嘩的泥漿
冒冒失失飄下溪澗
跟隨烏鴉的叫聲啞啞
進入水土嚴重流失的城市

夜色漫漫淹沒街道
有個人走得太慢
落在自己孤獨的陰影
山鬼不聲不響
觸摸他身心戰慄的黑暗
沒敢讓人看到一絲
月色的鬼影昏眩

眼睛有黑暗的激情
一個男子陰暗地生活著
餐桌上水果腐爛過期
蛆蟲爬進爬出
山鬼從窗外聞到
人身上蠟燭熄滅的味道
充滿死者的氣息

未完全的嬰孩
剛閉上臨終的眼光
一片鏡子碎裂的聲音
從山鬼耳中傳出
默默沉浸在冰涼的月光
女子的眼睛溼亮
乳房開始腫脹

一團綠火在眼眶裡燃燒
打結的舌頭發不出聲
山鬼兀自站了半夜
直到她鼾聲充滿臥室
月光幽白的意味
在夢裡囈語頻頻
呼叫著某人的名字

光陰躡足虛幻的人世
山鬼悄悄繞回窗口
看到男子像枯葉落盡
橘子皺巴巴的面容
似乎還有口氣
散發著歲月陳舊的霉味
愣愣對著相片發黃

老婆子眼睛茫茫
儲存了經年的月光

回想青春逝去
寂靜沈沈加深了哀愁
山鬼沒敢驚動他們
朝後頸吹了一口涼颼颼
島嶼遙遠的呼喚彷彿來世

水土流失盆地
深夜找不到夢的出口
髮絲飛揚飄浮著輓歌
山鬼心頭發黑
跟隨月光白白的行蹤
回到有蒼松鬱鬱
和荒草蔓生野墳的地方

5/26/2004

臺灣話口未完

陽光擊打懷孕的大海
散成了浮雲朵朵
受挫的情緒
掉在蜘蛛網上
鄉土的憤怒縱橫交錯

我們都熱愛進步
熱愛一隻民主的鳥
在半空中飛翔
掉在地上的黑色影子
觸及死亡

說出去就無法回收
語詞猶如泡沫
我們全都聽得出神
蒲公英告別晌午
灰鴿子翅膀閃閃發亮

激情勒緊喉嚨
烟霧迷漫的心中
一條濁水溪眾聲喧嘩
暴漲暴跌的背叛
奔流入海

10/8/2003

流行改運的島嶼

島嶼從上到下流行著改運
水土到處流失的山坡
檳榔高高在上結果
學者近視的眼光
只會冒煙而沒有火
在報告紙上畫了一扇窗
拔掉斑爛的翅膀
研究蝴蝶飛行的路徑

使電線桿抖抖發顫
土狗撇開後腿
尿溼道路結尾的部份
一隻隻多毛的手
司機點燃香煙
檳榔汁吐出火紅的呻吟
西施高叉分開雙腿
屁股各各著了涼

挖不完下水道阻塞的垃圾
尋找光明的工人
舉著拳頭緊緊
跟隨抗議遊行的隊伍
繞過天天算命改運的衙門

大水缸占據廳堂
金魚吐出一串串水泡
作白日夢睜著眼睛

有人撿拾地上的煙蒂
車子急駛過去
腳上匆匆留下輪胎的黑印
日子喃喃自語
在老人掉光牙齒的嘴裡
像咳嗽吹熄的燭火
老花眼睛的背後
有令人心頭發毛的黑暗

5/12/2004

愛台灣真的有那麼難嗎

黑鴉鴉人頭走向街頭
肉渣塞住齒縫
亂哄哄喧騰探望的口沫蒸發
浮雲有飄來飄去的難處
風向常常在變

油垢聚積血管
民意代表在牆頭張望
人前人後四處逢迎的難處
過多響亮的旗幟
跟風拼命掙扎糾纏

海浪翻騰心胸
仰望的人頭拉長頸子
要看清天色有說不出的難處
旗子四下插滿
過多遮蔽的陰影撩亂

土石流仍然在流
山頭仍在觀望風頭
一朵朵烏雲陰森
太陽也有白日露臉的難處
天色時時在變　　　　　　　　5/14/2004

島嶼的掛念

磕頭焚香默禱
潮水陣陣打濕的心事
掛念出海的丈夫
她從鏡子裡走出來
月亮磨損的眼睛
閃著海濤湧動的波光

愛像千里翻騰的浪花
思念比海洋更深
年復一年
多少船停過基隆的港灣
潮水的節奏不由自主
濕漉漉拍打著岸灘

懇求神明保佑
孩子在外平平安安
叨叨絮絮念著
她到廟裡燒香許願
掛念出國的孩子
香燭燃亮了眼中的溫暖

多少候鳥飛出臺灣的領空
多少魚群洄游臺灣的海域

從丈夫兒女到孫子
她在喃喃的叨念裡
領會了關於島嶼的許諾
年復一年

　　　　　12/17/2003

島嶼的召喚

一

風輕輕梳著晨光溼潤
我像遊子回到故居
胸中歲月的岩石磊磊
白雲摺疊著山巒
一條田埂走出記憶

蚯蚓在泥地裡翻身
淡淡晨霧裡
草木清新的氣息
水牛呼吸的氣息
混合著我深情的呼吸

山翠綠得像古箏彈奏
白雲蕩蕩悠悠
寧靜的田野
有露水清涼的意味
像朝霞繽紛過的天空

時光沉澱島嶼的思念
在心中找到出口
清亮的小河

閃爍的陽光跳躍水面
白花花泡沫水聲

陽光穿越每片草葉
露水珠圓玉潤
凝神諦聽青翠的蟲聲
春光晃動心胸
像風梳理著水波澹澹

傾盡青春所有的力量
杜鵑開滿枝頭
像我綻放的一生
花瓣在風中嫣紅輕輕
廝磨著明亮的春光
　　　　6/26/01

島嶼的召喚

二

白雲擁抱著青峰
我們的手
變成樹枝相連
我們纏綿的影子如此
如此濃綠
讓碧草遍地茁長蔓延
亮出生命的密意

野花開滿山坡
我們的嘴
樹的發聲和海的回音
像河口不斷
將我們島嶼的氣息
吹入守護沿岸的鷗鳥
不斷飛翔的天空

我們的靈魂有海
我們的身體
散出雲影昇華的喜悅
綠色發光的翅膀
聯結青峰翠綠

和無涯的穹空湛藍
千萬萬碧葉波動的海
　　　6/12/2005

通往星空的道路上

向日葵閃爍著秋光斜照
寂靜四處蔓延
我置身夕日中央
光正在追尋著黑暗
白雲變幻眼裡的天空

樹在秋風中搖落果實
野墳上的荒草沒有記憶
黃了又綠綠了又黃
浮雲的陰影移動大地
枯葉碎裂光陰的聲音

藏匿在陰暗幽深的心頭
烏鴉啞啞的叫聲
昏迷整座天空
冬天持續灰白的日子
像蛋殼出現裂痕

卵石翻滾寂寞的歲月
河流漫漫延伸著海的懷念
我諒解了黑夜
在河川發源的夢境裡發光
星星高枕入眠

通往星空的道路上
和風送來島嶼潮溼的氣味
生命在泥土裡安息
時光倒流迴轉
重又變成了花樹碧綠嫣紅

山在春天凝望
島嶼溼潤的天空
細細柳絲雨絲飄了又飄
重走過人世的紅塵
我進入杜鵑盛放的寂靜
12/22/2003

詩 的 完 成

開起車來起承轉合
計程車司機是個詩人
我到機場去
寬下心穩穩坐在後座
頭腦左右起伏跌宕
駕駛盤東轉西轉
一溜煙改變了生活的去向

收音機播報最新消息
插播欲望激動人心的廣告
又轉到流行音樂通暢
我靜靜領略
里程和車費相互合節
慢慢體會兩旁行人樹
高高撐起街景隱藏的意義

擦撞意外是意象驚奇
五花八門的招牌七顏六彩
塞車遇上街道消化不良
時間進退不得
我不再視而不見
重新看待自身的境遇周遭
用司機前進詩人的眼光

經過時代迂迴的轉折點
喇叭用力按了兩聲
有行人白了一眼擦身而過
有喃喃自語像引擎空轉
有人破口大罵直冒黑煙
我暗自領會這城市的意義
通過駕駛操作的象徵

適時變換紅綠燈
車輪有自己的韻律節奏
詩不能改變其他事物
遵守交通規則
不同的目的地各自
計程車交相來往同樣到達
完成了詩人深刻的一生
　　　　　5/11/2003

永遠不能忘懷的城市

不能忘懷的城市
我出生的地方
牽牛花在矮籬笆上
牽扯著晨光露水將來
田埂拓成街道
瑠公圳穿過的秧田
這希望的城市和我一起
迅速成長變化

歲月穿街走巷
走過城市各個角落
我走得更深更遠
榕樹的鬍鬚飄拂漸漸
長到落地生根
又長成新的樹幹撐天
鳥在枝頭互相呼喚
我沒有停留

不能忘懷的城市
我多次回來
當雨淋濕的夢境天眞
像記憶的河流湧洩
街道閃著亮光

我變成發亮的卵石
因為愛因為不斷摩擦
變成星星沈澱

因為愛不是燭火
燃燒著自己的淚水
因為所有的過去
這城市一直生根茁長
成為眾鳥棲息的生命之樹
在骨頭更深的地方
超越話語和血的呼喚
我知道我將永遠離去
　　　3/2/06

我們的山村

深入島嶼多林的山區
這村子多雲
頂著天空發藍
溪流淙淙的源頭
發亮的日子
母雞帶著小雞
滿地啄個不能停當

趕過數十里青峰
雲在天上舒展聚集
我們是雲的孩子
滑下陽光下滑的山坡
髮絲撩散風的觸鬚
草木生意蓬勃
翠綠的鳥聲沁入人心

像野生的菫
雨水飽脹的興奮
身体裡一把傘撐開
峽谷淹沒的感覺
這村子充滿雨的旋律
河水歡快地流淌
雷聲欣然作響

草木蔥蔥鬱鬱
是陽光深情的語言
快活的鴨子
戲弄著波光連綿
你是滿足的湖
我撫觸到徘徊的雲朵
留連的彩虹

像發藍的天空
我們的身心意猶未竟
雨後的泥土鬆軟
守護的蚯蚓問過田地
這村子慢條斯理
散發著玉蘭花香的寧靜
和白雲全部的光芒

12/10/06

春風吹過島嶼的時候

候鳥的飛行
成為島嶼的天空
烏雲保持著陰暗的沈默
岸上滿是白白的浪花

書冊裡壓不扁的玫瑰
唱著望春風的歌謠
柔軟的綠色植物
在石頭上頑強生長

政客油膩膩的手指
扶著膨脹過久的卵泡
像狗看到了電線桿
就有了尿意

統治者走下台階
一串串鞭炮穿街過巷
劈里啪啦大響
爆開黑色鬱悶的炸藥

驕傲的孤挺花謝了
迎接季節的輪替
狗的尾巴高翹
仍舊賣力來回搖晃

8/19/07

司馬庫斯

山林眾多生靈的夢
嵐霧冉冉上升
原始的寧靜
聆聽諸神許下的承諾
和天地黎明的意志
畫眉鳥飄然跳上跳下

如風的速度
山豬在森林裡衝撞
野性純潔
像溪澗穿越山林
泰雅族人世世代代
信仰祖先拓始的足跡

屏息的番刀
像天光瞬間閃亮
如風的速度
刺入山豬嗚咽的喉嚨
鮮血濺出草徑多霧
開始流傳祖靈的神話

孕育山林的子民
仰望天空的目光長遠

明白生命的莊嚴
太陽興旺
蟲聲鳥聲清亮
一起參與天地的話題
9/9/07

　　　　　仿蔡秀菊《司馬庫斯部落詩抄》的〈司馬庫斯〉

附　錄

我看紫茉莉

　　詩人的作品不可能完美無缺，尤其是所有的作品，即如大詩人洛夫和余光中也有罩門和缺點。考察詩人的作品，應有褒有貶，如果只看到優點而見不到缺點，這樣的評者不是被人情矇了眼，就是不曾用心考究。我認爲找出詩作的缺陷是評論的必要條件，評文中有一成以上的貶，應是最起碼的要求。一面倒叫好的評論，應該受到詩壇排斥。葡萄園詩刊 151 和 152 期的紫茉莉專輯，共登有 15 篇評論吳淑麗詩集〈紫茉莉〉的文章。其中只有鄒建軍的〈鍾情紫茉莉的女詩人〉和吳開晉的〈給女詩人的一封信〉有一些貶意和改進的建議，徐成淼的「直陳詩弊」好像要講什麼，卻沒有說出來，其他的都是有褒無貶。看到缺點而不願說出來，這背後的理由可能很多，如果主編能調查一下，公佈給大家知道，應會有助於評論風氣的改進。有些評文引用原詩過多，幾達全文一半的篇幅，除去詩人的介紹，只剩一點評者的意見。我認爲引文的篇幅不宜過多，應以不超過四分之一爲宜。

　　吳詩的好處已被大家說盡，在此只就列出我看到的兩個缺點。

一、語詞抽象和陳舊的問題

在文字語言的運用上，抽象意念的名詞和形容詞用得太多，容易顯得空泛。如〈世紀末的聲音〉中*愛，是一座火山／貪婪　也是／自私　亦然*，三行內就有三個抽象名詞。虛為抽象觀念，實為具體景物，意象的虛實如何相輔相成，有待詩人好好安排經營。一般來說，應以實寓虛，以實為主而以虛為輔較為妥當；以景寓情，減少抽象語，多以實物實景取代為是。吳詩中有許多現成的和概念化的語句，沒經加工處理就直接派上用場，常常使得詩意面目模糊。例如〈花蓮柏家花園〉最後一段：*秋風習習／清溪潺潺／凝眸最後一塊淨土／盡覽／無涯星空*，五句中就有三句慣用語，全詩顯得語言陳舊而寓意不新。大家最樂於引用和稱讚的〈日記〉一詩，詩中少了對時間的提示，到了「搜尋一顆顆閃熠的星」要令人覺得到了晚上，顯得有些突兀；詩中若能交待丈夫和孩子回家的情景，應會更為完整。第一段詩句*把丈夫送出家門／抖落妻子外衣*，可更進一步關聯到「兄弟如手足，妻子如衣服」。第四段*眾弦俱寂／搜尋一顆顆閃熠的星／凝為詩句，穿成／串串，懸掛／夢中*，馬上令人想到另位女詩人敻虹的名句：*眾弦俱寂，我是唯一的高音*，和*不敢入詩的來入夢／夢是一根絲／穿梭那不可能的相逢*。

另外吳詩中斷句和標點的處理有些過於單調，不太合我的口味。〈接送〉原詩為：*園子裡，繁花盛開*

／你，不是最嬌美的一朵／操場上，萬頭攢動／你不
是最出眾的一員／／可是，媽媽總是能／能夠在千百
個選擇中／首先覓見你。我將其改寫如下，儘可能不
改動原詩的語詞：

　　　園子裡繁花盛開，你不是
　　　最嬌美的一朵
　　　操場上萬頭攢動，你不是
　　　最出眾的一員

　　　可是，媽媽總能夠

　　　能夠在千百朵花中
　　　首先覓見你，陽光煥發的臉龐
　　　能夠在眾多人群中
　　　首先覓見你，花光嬌艷的臉龐

　　改寫的結果並沒有更好，也沒有更壞，只是用了
我個人喜歡的對稱形式，聊為一種參考。以上所有引
用的詩句也是大家引用的，可見人嘴一張皮，不管是
用什麼批評手法和理論，一首詩可以說好也可以說
壞，就看你如何說，如何言之成理。

二、明朗化的通病，過於直白顯露和散文化的傾向

　　吳詩中語言邏輯太強，意象之間的距離太近，不
容易激起讀者的想像力。用日常敘述用語入詩，語句
平滑，意象平常，易流於平淡無味。明朗容易流於直
白，過於直露而欠缺含蓄。明朗平淡易於理解感受，
卻容易流於淺顯而無味，其困難度在於淡遠中見深

沉。使用平凡的文字，把平凡的日常事情與情境表現出來，而能賦予新鮮的意義，呈現一種不平凡的景象，這是明朗化詩風的嚴厲考驗。平淡樸實的風格要在清淡中見雋永，不是容易之事。淡而有味是很難到位的，要求在於對事物要有新的看法，或是新的講法。朱孟實對此有些很好的見地：

> 寫景不宜隱，隱則流於晦；寫情不宜顯，顯易流於淺。深情都必纏綿委宛，顯易流於露，露則淺而易盡。<u>寫景的詩要顯，言情的詩要隱</u>，如梅聖俞所指「狀難寫之景如在目前，含不盡之意見於言外」。
>
> 情趣與意象恰相熨貼，使人見到意象，便感到情趣，便是不隔。意象含糊或空洞，情趣淺薄或粗疏，不能在讀者心中產生明瞭深刻的印象，便是隔。

152 期馬立鞭〈且談新詩的美學尋根〉對於如何「避免單調」和「言淺意深」有很好的意見。馬文中提到「妙在含糊，方見作手」，此含糊應是指詩的多義性。避開直接敘述的一覽無遺，加大意象之間的距離，讓詩獲致不定多義性和有餘味，或許可以作為詩人努力的一個方向。

再剝一層國王的新衣

── 從向明和羅門之爭談起

　　自鄉土文學論戰以來，詩壇好久沒聞到火藥味。近年來向明和羅門相互攻訐的文章，刀來劍往，給死氣沈沈的詩壇帶來不少注目的光輝。老詩人謾罵的火氣延燒多年，卻沒人淌混水加入爭端。我在此甘冒眾犯，嘮叨一些逆耳之言。

☆詩人的偏執

　　寫詩有兩種心態：業餘心態和專業心態。專業的心態就是將寫詩當成志業，嚴肅認真對待，投注大量時間和心思。太過專注有時會犧牲正常的生活，耗費過量的時間精神，進而走火入魔。在一般人看來，著魔的詩人像沈溺的酒徒賭鬼一樣，都是不正常的。像我除了上班工作外，其餘時間都花在閱讀寫詩，週末假期也不例外，甚至犧牲和家人親友活動的時間。生活不均衡容易導致心理的不平衡，甚而脾氣古怪或性格異常。不知道羅門的心靈是否已由第三自然而深入走火入魔之境。

　　有偏執性格的人適宜做學問，因為固執己見而較能心無旁騖，專心一意堅持到底。缺點是容易剛愎自用而死不認錯。羅門給我的印象是性格憨直、不識機巧、有些狂妄偏執。我

認識的詩人不多，曾和陳去非通過兩次電話，直覺感到他的個性頗為偏執，也是適合搞學問的。我自己也是具有驕傲自大的偏執傾向。文章是自己的好，一直是文人的通病。詩人熱衷於自吹自擂，心底不免會有「舍我其誰」的想法，甚或「老子天下第一」的自大情結。

☆向明的評論

羅門以〈麥堅利堡〉和都市詩聞名於世，中年以後詩篇無甚可觀，一再重覆抄襲自己。羅門非文學科班出身，學養不夠，卻又好發議論，其詩論一直是夾雜不清，晚來更是膨脹地利害。近來固守藍星詩刊，以吹牛賣老為生，喋喋不休大談其詩學心得，重拾早年牙慧，並無絲毫新意。甚而自問自答、自吹自擂，儼然有老者戒之在得之態。

向明早年詩作不甚了了，晚年才寫出一些清明有味的好詩，然而後繼無力，看來是無法趕上羅門的成就。向明的評論向來說好不說壞，難得卯足火力，詰難羅門的詩作，一新人們耳目。有關羅門詩作的缺點，向明所言頗有見地。其譏諷羅門自作應聲之蟲，也言之成理，然而我卻有點意見。詩人風格定下來後，一般很難突破，因為人性的共通點就是人通常會往抵抗力最小的地方發展。詩人常對自己作慣性的重複而不自知，寫來寫去詩思都雷同不變。年長詩人的創作更是容易定型，蹈常襲故，對自己成熟的作品一再模仿，創造力逐漸衰退，窘相畢露。詩壇大師也不免江郎才盡，創造力枯竭，在晚年迅速走下坡來。此地心向下引力的普遍現象是人之常情，連余光中也未能克服，一再原地踏轉，顯得後繼無力。大家都有此敝，只是程度上有輕重差別，向明也是自身難免，五十步笑百步而已。

〈第九日的底流〉、〈觀海〉和〈大峽谷奏鳴曲〉這類概念化的作品，並非羅門所長，而使用的技巧手法大致雷同，以致面目模糊。羅門長久以來不斷重覆自己，語言陳舊而淪為濫調，不免為向明所譏。雖然如此，羅門的手法和詩風還是有可觀之處。羅門都市詩的成就，向有公論，至今還未見有人超越。陳大為在《存在的斷層掃瞄──羅門都市詩論》一書中詳細探討羅門的都市詩作，有褒有貶十分中肯。〈麥堅利堡〉一詩獲得菲總統金牌，羅門想必相當自豪。不論是否得過獎項，〈麥堅利堡〉的確是首好詩，甚至可算是反戰詩的經典之作。

☆文壇的迷思

西方人不會因一個人文章好而輕易認定其操行一定高超，也不認為品行好文章才寫得好。中國人養身講究養氣，寫文章講究行氣，迷信文如其人。文壇上共有的迷思就是品德好文章才寫得好，品德不好則文章不可能好。更有甚者在下意識裡認為只要指證某人品行低下，則其文章就會變得低下。

文如其人的固定思維之外，另一種迷思就是官大學問大。好像只要當上高官，就成了各方面的專家，講話就變得權威可靠。一般人生活上喜歡以頭衔相稱，總是認為校長學問比老師好，教育部長比教授有學問，學問素養和頭衔地位一定相符。表現在詩壇上的就是認為主編比編輯的寫詩功力強，編輯比一般詩人高明。一些死不交棒的老者倚老賣老霸住位子，浪費篇幅猛放臭屁。

☆詩壇的作風

詩人的作品不可能完美無缺，大詩人洛夫和余光中也有罩門缺點。臺灣詩壇的評論多是印象式空泛的批評，通常只講優點一面叫好。例如作家隱地由小說跨界，輕輕鬆鬆寫淺白流暢的新詩，輕輕鬆鬆發表，輕輕鬆鬆出版。身為出版社老闆，人面熟絡，眾人抬轎鼓掌，讚不絕口。各大詩刊常有詩人專輯推出，邀集名家一起評論。名之為評論，實際上是「意述」的解詩文字，或是述說兩人交往的情誼，通常都是阿諛連篇，一片歌功頌德。例如藍星詩刊第八期刊出張健特輯，就有八篇評文，文章太多登不完，有兩篇續文到第九期，多過藍星詩刊其他詩人專輯。張健共出過三十幾本詩集，都是淺陋的短詩，像中學生寫流水帳日記一樣，了無新意又詩質稀薄，比羅門失敗的作品還要失敗。然而張健教授在校多年，不乏故舊門生捧場祝壽團拜，評論的文章連連高喊萬歲，肉麻兮兮，令人雞皮疙瘩掉了一地。

人情包袱一直都是臺灣社會的沉重負擔。詩壇講關係套交情，恰恰是社會的縮影。詩壇困於人情，到處都是閉眼說瞎話、捧場賣人情的文章，搞的是非不明烏煙瘴氣。除了鄉愿的作風外，臺灣詩壇另一大毛病就是派系相互排斥，詩社之間壁壘分明，詩社同仁緊密團結的封閉性，拒絕了其他詩人也拒絕了社會大眾。詩壇尚且如此，那還能寄望社會的進步和政治的清明。

☆蚯蚓的結語

評論應就詩論詩，而向明和羅門兩人，相互謾罵訐發陰私，涉及人身攻擊，給詩壇立下了壞榜樣，在此各打五十大板。奉勸老壽星消消火氣，戒鬥戒得，閉門努力創作，期望

有更好的作品問世。也希望多見到講缺點的實在評論，而非
空泛的捧場人情，就詩論詩，避免人身攻擊和訐發陰私。

3/11/2003

☆參考資料：

〈向暗黑處捅開眞相〉，向明，《窺詩手記》禹臨圖書公司出
　版

〈事實俱在，豈容否認 —— 也是回應〉，向明，《不惑之歌》
　葡萄園詩刊四十週年選集，詩藝文出版社，2002 年 8 月

〈天地線是宇宙最後的一根絃〉，羅門，台灣詩學季刊第十五
　期，1996 年 6 月

〈厚設扯言〉，佑子，臺灣詩學季刊第十七期，1996 年 12 月

〈讓事情接近它的眞實性〉，羅門，臺灣詩學季刊第十七期，
　1996 年 12 月

〈一行也是詩？〉，向明，臺灣詩學季刊第十八期，1997 年 3
　月

〈鬥雞眼、亂視眼〉，佑子，台灣詩學季刊第十九期，1997
　年 6 月

〈讓一切存在於坦誠與眞實中〉，羅門，台灣詩學季刊第十九
　期，1997 年 6 月

〈還要無理罵人嗎？〉，羅門，台灣詩學季刊第廿期，1997
　年 9 月

〈必要的說明與回應〉，羅門，台灣詩學季刊第廿一期，1997
　年 12 月

〈鼓勵、鼓勵、加倍鼓勵，脫國王新衣〉，向明，台灣詩學季
　刊第廿二期，1998 年 3 月

〈向明？向暗？向黑〉，羅門，台灣詩學季刊第廿三期，1998

年 6 月

〈一聲警笛〉，羅門，台灣詩學季刊第廿四期，1998 年 9 月

〈未來函照登〉，向明，台灣詩學季刊第廿四期，1998 年 9 月

〈回應憑空罵人不實報導的文章〉，羅門，葡萄園詩刊一五七期，2003 年春季號